AF337644

JULES QUICHERAT

NOTICE LUE A LA SOCIÉTÉ D'ÉMULATION DU DOUBS LE 13 MAI 1882

Par Auguste CASTAN

CORRESPONDANT DE L'INSTITUT DE FRANCE
(Académie des Inscriptions et Belles-Lettres.)

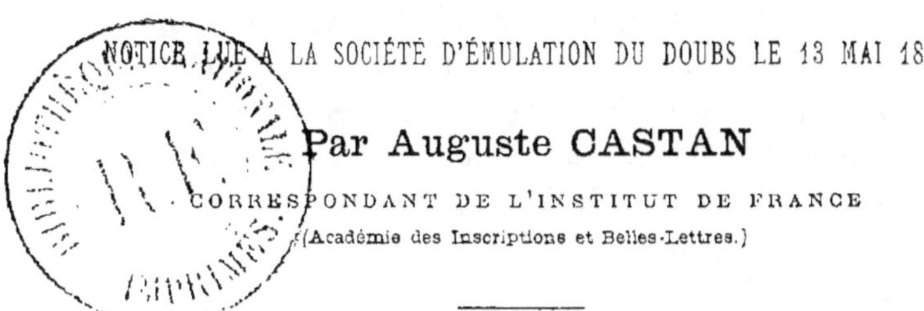

La Franche-Comté doit un souvenir à l'éminent archéologue Jules Quicherat, qui avait pris en affection cette province et la considérait de plus en plus comme une patrie adoptive.

Né à Paris le 13 octobre 1814, il appartenait par les origines de sa famille à une province voisine de la nôtre. Son père avait quitté la petite ville de Paray-le-Monial pour exercer à Paris la profession d'ébéniste : c'était un homme très intelligent, car Michelet s'est servi de son témoignage à propos de détails épisodiques de la Révolution française. Jules dut son éducation à la maison de Sainte-Barbe, alors dirigée par le ferme et bienfaisant Victor de Lanneau : il y suivit les traces de son frère Louis Quicherat, son aîné de quinze ans, qui a la douleur de lui survivre.

Au contact de ce frère si distingué, qui fut pour lui comme un second père, il apprit à aimer les saines jouissances de l'étude et à mettre en pratique les austères principes de la religion du devoir.

A la suite de brillantes études classiques, il s'adonna tout à la fois aux recherches d'érudition et à la culture des beaux-arts : le sympathique enseignement du peintre Charlet, son maître, l'avait séduit. Il se contenta toutefois de devenir un dessinateur habile et fut admis, en 1835, à suivre les cours de l'Ecole des Chartes : l'enseignement, donné par deux pro fesseurs, était alors limité à la lecture et à l'interprétation des documents d'archives et des manuscrits de bibliothèques. Sorti en 1837 avec le premier rang de sa promotion, il fut attaché aux travaux historiques de la Bibliothèque royale et alla rédiger des catalogues de manuscrits à Arras, à **Metz** et à Charleville [1]. Son premier essai en matière d'archéologie fut un exposé sommaire de cette science que lui demanda, pour l'éducation du comte de Paris, M. Adolphe Regnier, précepteur du jeune prince.

Cependant l'Ecole des Chartes végétait dans l'obscurité ; rien ne se faisait dans le sens de son développement, et des attributions d'emplois avaient lieu constamment au préjudice de ses anciens élèves. Ceux-ci comprirent la nécessité de s'unir pour affirmer leurs droits et en démontrer la légitimité [2]. Ainsi naquirent, en 1839, la Société de l'Ecole des Chartes et la revue d'érudition qui a pour titre *Bibliothèque de l'Ecole des Chartes*. Ce recueil s'ouvrit par une étude de Jules Quicherat [3], qui fut, pendant nombre d'années, l'éditeur principal et l'un des plus vaillants collaborateurs de la *Bibliothèque*.

Grâce à la valeur sérieuse de cet organe, l'utilité de l'Ecole des Chartes ne fut bientôt plus contestée, et le gouvernement put obtenir les crédits nécessaires pour asseoir cette institution sur des bases plus larges. Il était juste que ceux qui avaient été à la peine fussent à l'honneur. Quicherat fut appelé à l'une des chaires nouvellement créées, et, dans la

---

(1) *Catalogue général des manuscrits des bibliothèques publiques des départements* : t. IV (*manuscrits de la bibliothèque d'Arras*, pp. 1-426); t. V (*manuscrits de la bibliothèque de Metz*, Ire partie, pp. 1-243; *manuscrits de la bibliothèque de Charleville*, pp. 545-677).

(2) Protestations contre la nomination de MM. Cauchois-Lemaire et Louis Dubois aux Archives du royaume, et contre celle de M. Sainte-Beuve à la bibliothèque Mazarine. (*Bibliothèque de l'Ecole des Chartes*, t. I, 1839-40, pp. 581-583.)

(3) *Fragment inédit d'un versificateur latin ancien sur les figures de rhétorique.*

séance inaugurale de cette réorganisation de l'Ecole, le 15 mai 1847, il reçut, de la main du comte de Salvandy, ministre de l'instruction publique, la croix de chevalier de la Légion d'honneur [1] : il avait alors trente-deux ans et demi.

Pour assurer le succès du nouvel enseignement, il n'hésita pas à accepter une double tâche, celle de professer l'archéologie nationale, qui enfin prenait rang dans le programme de l'Ecole, et celle de faire un cours de diplomatique, c'est-à-dire d'application des points de doctrine qui servent à contrôler l'authenticité des chartes et à en déterminer les espèces. Dans ces deux ordres de connaissances, son enseignement fut la distinction même.

Pour avoir une idée de ce qu'était son cours de diplomatique, il faut lire sa *Critique des deux plus anciennes chartes de Saint-Germain-des-Prés,* publiée en 1865 [2] : c'est l'érudition bénédictine associée aux procédés modernes de la libre critique.

La critique, « cette faculté si française », comme il l'a dit lui-même [3], eut également une grande part à l'œuvre si puissamment personnelle de son cours d'archéologie. Avant lui, on considérait l'arc aigu comme l'élément caractéristique de l'architecture dite *ogivale.* Quicherat fit voir que l'arc aigu, fort improprement appelé *ogive,* existait déjà dans quelques constructions de la période romane, et que l'architecture subséquente avait dû sa légèreté distinctive à l'emploi de l'arc-boutant qui permettait d'isoler les contreforts de la masse de l'édifice. Cette démonstration, extraite de son cours, a paru dans la *Revue archéologique* [4]; elle y avait été précédée d'une *Notice sur l'album de Villard de Honnecourt,*

---

(1) *Bibliothèque de l'Ecole des Chartes,* 2e série, t. III, pp. 449-458.

(2) *Bibliothèque de l'Ecole des Chartes;* 6e série, t. III, pp. 513-555.

(3) *Discours prononcé aux funérailles de Letronne,* dans la *Revue archéologique,* t. V, p. 624.

(4) *De l'ogive et de l'architecture dite ogivale; de l'architecture romane;* dans la *Revue archéologique,* t. VII (1850), pp. 65-76; t. VIII (1851), pp.

architecte du treizième siècle (1), travail qui mettait en pleine lumière les procédés manuels des artistes du moyen-âge et la manière dont se faisait leur instruction. « En lisant cet intéressant travail, écrivait l'érudit architecte Lassus, on reste frappé de la sagacité du savant professeur d'archéologie de l'Ecole des Chartes (2). »

Cette sagacité ne brille pas d'un moindre éclat dans la savante publication des *Procès de condamnation et de réhabilitation de Jeanne d'Arc*, qu'il fit sous les auspices de la Société de l'histoire de France, de 1841 à 1849 (3). En éditant ce recueil de tous les documents qui se rapportent à Jeanne d'Arc, Jules Quicherat donnait une base sérieuse au culte, national entre tous, qu'il professait lui-même pour l'immortelle libératrice de la France (4). Dans ce culte, il eut pour émule un grand écrivain, Jules Michelet, qui devait lui donner, comme dernière preuve d'amitié, la délicate mission d'être son exécuteur testamentaire.

A la période du quinzième siècle se rapportent encore et l'*Histoire des règnes de Charles VII et de Louis XI*, par Thomas Basin, qu'il enrichit d'annotations savantes (5), et cette

---

145-158; t. IX (1852), pp. 525-540; t. X (1853), pp. 65-81; t. XI (1854), pp. 668-690.

(1) *Revue archéologique*, t. VI (1849), pp, 65-80, 164-188, 209-226.

(2) *Album de Villard de Honnecourt, manuscrit* publié en fac-simile par J.-B.-A. Lassus; Paris, *impr. imp.*, 1858, in-4° : préface, p. xvi.

(3) Cinq volumes in-8°, auxquels il faut joindre les *Aperçus nouveaux sur la personne de Jeanne d'Arc*, publiés en 1850.

(4) « La sainte du moyen âge, que le moyen âge a rejetée, doit devenir celle des temps modernes. Elle a confessé par sa mort bien des sentiments pour lesquels il convient qu'il y ait encore des martyrs. Sortie des derniers rangs du peuple, elle vint faire valoir, non pas sa personne, mais le dessein, qu'elle n'osait s'attribuer à elle-même, de relever un grand peuple abattu. » (*Aperçus*, p. 166.)

(5) *Histoire des règnes de Charles VII et de Louis XI*, par Thomas Basin, évêque de Lisieux, jusqu'ici attribuée à Amelgard, rendue à son véritable auteur et publiée pour la première fois avec les autres ouvrages historiques du même écrivain, pour la Société de l'histoire de France, par J. Quicherat; *Paris*, 1855-1859, 4 vol. in-8°.

résurrection si précise de la pittoresque physionomie du condottiere Rodrigue de Villandrando, l'un des chefs de bandes qui continuèrent inconsciemment l'œuvre de la Pucelle (1).

C'est également au quinzième siècle qu'appartient la fondation de ce collège dont Quicherat voulut toujours se dire l'obligé. « Après avoir obtenu de brillants succès dans ses classes et conquis dans le monde savant une réputation légitime, il avait, dit M. Dubief (2), plus que payé sa dette à l'institution qui l'avait élevé et qui était fière de lui. Mais il n'était pas de ceux qui se croient facilement quittes d'un service rendu..... C'est à ce sentiment de gratitude que l'on doit l'*Histoire de Sainte-Barbe*, qui, sous un titre modeste, est en réalité l'histoire de l'Université, la plus exacte, la plus complète, la plus intéressante que nous connaissions (3). »

Il venait d'entreprendre la recherche des documents concernant cette histoire, quand je lui fus présenté, quelques mois après mon entrée à l'Ecole des Chartes (4), par M. Xavier Marmier, aujourd'hui membre de l'Académie française. Je m'étais mis en quête d'un sujet de travail d'érudition, et mon patriotisme provincial m'avait fait songer aux annales de ce collège de Bourgogne, fondé en l'Université de Paris par la veuve du roi de France Philippe-le-Long, au profit des étudiants pauvres issus de la Franche-Comté (5). Pour le travail

---

(1) Première rédaction publiée, en 1845, dans la *Bibliothèque de l'Ecole des Chartes*; rédaction définitive éditée sous ce titre : *Rodrigue de Villandrando, l'un des combattants pour l'indépendance française au quinzième siècle*; Paris, libr. Hachette, 1879, in-8º.

(2) *Discours* de M. Dubief, directeur de Sainte-Barbe, aux obsèques de J. Quicherat : *Bibl. de l'Ecole des Chartes*, t. XLIII (1882), p. 162.

(3) « Ch. Thurot avait coutume de dire qu'aucun livre ne nous en apprenait autant sur l'enseignement en France à partir du xve siècle que les trois volumes de Quicherat sur l'histoire de Sainte-Barbe. » (*Revue critique d'histoire et de littérature*, nº du 24 avril 1882.)

(4) Au printemps de 1853.

(5) Un fragment de ce travail a paru, dans les *Mémoires de la Société*

de Quicherat et pour le mien, les sources d'information étaient communes : en les explorant de concert, il y avait de part et d'autre une économie de temps à réaliser. Quicherat ne dédaigna pas de conclure dans ce sens une association confraternelle avec son futur élève : ce fut là son premier acte de collaboration aux œuvres intellectuelles de la Franche-Comté.

Revenu à Besançon, ma ville natale, avec l'ambition d'y rendre quelques services, je n'oubliai pas le maître qui m'avait appris à interroger les vestiges des vieux âges. J'eus bientôt à lui signaler un travail aussi original dans sa forme que hardi dans ses conclusions, qui se publiait sous le patronage de la Société d'Emulation du Doubs. Par une concordance ingénieusement établie entre certains textes antiques et des traditions locales significatives, l'architecte Alphonse Delacroix, notre sympathique confrère, entreprenait de démontrer que l'*oppidum* d'Alesia, la place forte défendue par Vercingétorix et dont Rome célébra la prise par vingt jours de prières publiques, n'avait pas existé sur le mamelon d'Alise-en-Auxois, mais avait eu pour assiette le vaste massif d'Alaise, en Franche-Comté (1). César n'avait-il pas dit, en effet, qu'il abordait le pays des Séquanes quand Vercingétorix essaya de lui couper le chemin de sa retraite vers la province romaine ; Dion Cassius et Plutarque n'affirmaient-ils pas que cette rencontre, qui fut le prélude du siège d'Alesia, avait eu lieu chez les Séquanes ; et le conquérant des Gaules aurait-il, après la prise d'Alesia, dirigé sa marche vers le pays des Eduens, si le siège se fût passé au tour d'Alise, localité du territoire éduen ? Quicherat avait été mis en goût de ce genre de questions par le succès de son mémoire, assez récent, sur le lieu de la bataille entre

---

d'Emulation du Doubs (ann. 1869), sous le titre de *Sully et le collège de Bourgogne.*

(1) *Alesia*, par A. DELACROIX : *Mémoires de la Société d'Emulation du Doubs,* ann. 1855, pp. 113-160.

Labienus et les Parisiens [1]. L'argumentation d'Alphonse Delacroix lui parut logique, et il l'exposa dans un article publié par l'*Athæneum français,* le 10 mars 1856. Cet article suscita une polémique ardente, qui eut de l'écho dans les feuilles publiques des deux mondes et ne dura pas moins d'une dizaine d'années. Pendant tout ce temps, Quicherat fut le valeureux champion de la solution franc-comtoise, répliquant à toutes les attaques, même à celles des princes, avec une rare vigueur de logicien [2].

Incontestablement le massif d'Alaise avait été un *oppidum* celtique, et des milliers d'hommes s'étaient fait égorger autour de ce lieu de refuge. Trente mille *tumulus,* sous lesquels dormaient plus de cent mille morts, étaient les témoignages d'une lutte gigantesque. Deux de ces tombelles, fouillées au mois de juin 1858, avaient été de ma part l'objet d'un rapport qui eut l'heureuse fortune de plaire à Quicherat [3]. C'en fut assez pour qu'il ne consentît jamais, malgré mes instances, à se faire le narrateur des fouilles qu'il vint ensuite diriger avec nous. Ces laborieuses campagnes eurent lieu pendant l'automne des années 1858, 1859, 1861, 1862 et 1863 : à la suite de chacune d'elles, il me donnait son calepin à dépouiller, ayant parfaitement conscience qu'il me faisait bénéficier de son talent et de sa peine [4], mais tenant à hon-

---

(1) *Du lieu de la bataille entre Labienus et les Parisiens,* dans les *Mémoires de la Société des antiquaires de France,* 3ᵉ série, t. I (1852), pp. 384-432, avec une carte.

(2) *Objections au sujet d'Alesia,* dans la *Revue archéologique,* 1856; *L'Alesia de César rendue à la Franche-Comté,* 1857; *Conclusion pour Alaise dans la question d'Alesia,* 1858 ; *La question d'Alesia dans la Revue des deux mondes (Revue archéologique,* 1858); *Nouvelle défaite des défenseurs d'Alise sur le terrain d'Alesia* (1862); *La question d'Alesia dans le Moniteur de l'Armée,* 1862; *Examen des armes trouvées à Alise-Sainte-Reine,* 1865; *La question d'Alesia en Normandie,* 1866.

(3) *Les tombelles celtiques du massif d'Alaise,* dans la *Revue archéologique,* t. XV (1858), pp. 298-313, pl. 337 et 338.

(4) *Les tombelles celtiques et romaines d'Alaise* (1858); *Les tombelles et les ruines du massif et du pourtour d'Alaise* (1859); *Les vestiges du siège*

neur de respecter, même chez son élève, une position nor-
malement acquise.

Nos observations, très neuves à l'époque où elles se pro-
duisirent, eurent un retentissement considérable : leur meil-
leur résultat fut de provoquer en France un retour aux
études d'archéologie nationale. En même temps, toute une
légion de vestiges prenait place au musée de Besançon et y
constituait la plus belle série qui existât alors d'armes et
d'ornements procédant de la Gaule indépendante.

Quicherat conserva jusqu'à la fin sa foi dans la solution
comtoise de la question d'Alesia. Il demeura surtout fidèle à
ses sympathies pour cette Franche-Comté, dont la nature,
analogue à ce qu'était la sienne, paraît sévère au premier
abord, mais devient de plus en plus attachante à mesure que
l'on en fréquente les aimables replis.

Dans les discussions relatives à l'emplacement d'Alesia,
la valeur historique des noms de lieux avait été maintes
fois mise en cause. On accusait Quicherat d'avoir fait infidé-
lité à la critique en sanctionnant certaines interprétations
hasardées des noms de lieux du pays d'Alaise. Sa réplique,
ou plutôt sa revanche, fut un *Essai sur la formation française
des anciens noms de lieux* (1), traité dans lequel il trace avec
une grande sûreté de doctrine les lois de la décomposition
graduelle des mots latins de la langue topographique. Cette
divulgation d'une saine méthode contribua puissamment à
purger d'étymologies fantaisistes les travaux historiques des
départements.

Quicherat s'intéressait vivement à ces travaux, et personne

---

d'Alesia (1861); *Les camps, les tombelles et les villas du pourtour d'Alaise*
(1862); *Les champs de bataille et les monuments du culte druidique au
pays d'Alaise* (1863).

(1) Paris, libr. Franck, in-12, 176 pages. — Voir une excellente appré-
ciation de ce travail, par M. Gaston PARIS, aujourd'hui membre de l'Institut, dans la *Revue critique d'histoire et de littérature*, n° du 30 nov.
1867.

n'en fut plus que lui le directeur intelligent et le dévoué patron (1). L'un des plus laborieux parmi les rapporteurs de la section d'archéologie du Comité des travaux historiques, il dépensa des trésors d'érudition pour faire valoir ou pour rectifier les constatations qu'enregistraient les sociétés départementales. Ses rapports, si logiques de construction et si limpides de style, devront être réunis en un recueil : mieux qu'aucun autre de ses ouvrages, ils feront connaître les ressources de son esprit et la générosité de son savoir La Société d'Emulation du Doubs, dont le fonctionnement libéral lui convenait, fut tout spécialement l'objet de sa sollicitude : rien de ce qui touchait cette compagnie ne lui était indifférent, et j'ai nombre de preuves écrites qu'il s'associait de cœur à toutes nos manifestations collectives. En 1866, il avait bien voulu, pour contribuer au succès d'une de nos séances publiques, nous envoyer l'éloge de son digne ami Alexandre Bixio, ancien représentant du département du Doubs à l'Assemblée nationale (2).

Nous ne saurions oublier la longue et salutaire action qu'il exerça sur les travaux de la Société de l'histoire de France (3), non plus que la lumineuse et pénétrante critique

---

(1) Quicherat était partisan déclaré de la doctrine du libre examen : ce qui n'empêchait pas son esprit largement équitable de reconnaître les mérites et les services de ceux dont les principes politiques ou sociaux ne concordaient pas avec les siens. Personne ne fut plus que lui sympathique aux personnes et aux travaux de l'abbé Cochet, auteur de la *Normandie souterraine*, de l'abbé Baudry, l'explorateur des *Puits funéraires*, du R. P. Camille de la Croix, l'heureux investigateur des antiquités gallo-romaines et chrétiennes du Poitou.

(2) *Mémoires de la Société d'Emulation du Doubs*, 4e série, t. II (1866), pp. 372-384.

(3) « Nous perdons M. Quicherat au moment où il allait consacrer ses soins à un recueil des *Lettres missives de Louis XI*, depuis longtemps décidé en principe, et préparé en dernier lieu, sous son habile direction, par MM. Charavay et Vaesen. Nos jeunes collaborateurs sont désormais privés des lumières de ce maître incomparable, et notre Société voit disparaître, alors que son concours toujours si précieux était

qui distinguait ses communications si fréquentes à la Société des antiquaires, dont il était devenu le doyen d'ancienneté (1).

Avec une telle disposition à semer le grain des connaissances utiles, Quicherat n'avait pu manquer d'être associé à l'œuvre du *Magasin pittoresque*. En effet, il publia dans ce recueil une longue série d'articles, à la fois descriptifs et anecdotiques, sur l'*Histoire du costume en France*. Ces articles, profondément remaniés, constituèrent le beau volume qui servit de prétexte à une manifestation des plus honorables pour lui (2). Il n'appartenait pas à l'Académie des inscriptions et belles-lettres, bien qu'il y eût une fois posé sa candidature (3), sans avoir jamais consenti à renouveler cette tentative. Si le titre de membre de l'Institut lui manquait, l'Académie des inscriptions et belles-lettres, à laquelle il manquait aussi, voulut, suivant la délicate expression de M. Léopold Delisle, « se consoler, en quelque sorte, de ne

---

pour elle d'un si grand prix, le savant qui fut une de ses gloires et dont elle restera justement fière. » (*Discours* de M. DUFRESNE DE BEAUCOURT, président de la Société de l'histoire de France, aux obsèques de J. Quicherat : *Bibliothèque de l'Ecole des Chartes*, t. XLIII, 1882, p. 161.)

(1) « Sa parole incisive et brève était toujours écoutée avec attention ; il donnait à nos séances une animation particulière ; il aimait la discussion et il répondait aux objections que soulevaient quelquefois ses communications avec une telle netteté qu'il ramenait bien vite à son opinion ses adversaires. » (*Discours* de M. DUPLESSIS, président de la Société des antiquaires de France, aux obsèques de J. Quicherat : *Bibliothèque de l'Ecole des Chartes*, t. XLIII, 1882, p. 160.)

(2) « Il y a longtemps que j'ai conçu l'idée de ce livre, et même que j'en ai commencé l'exécution. La partie comprise entre le quatorzième siècle et la Révolution française m'a fourni la matière d'une série d'articles qui parurent dans le *Magasin pittoresque* de 1845 à 1869. » (J. QUICHERAT, *Histoire du costume en France*, 1875, grand in-8°, *préface*.) — « Ainsi, veut bien m'écrire M. Ludovic LALANNE, il ne faudrait pas mettre sur le dos de notre ami les premiers articles (de l'*Histoire du costume* dans le *Magasin*), tout pleins de bévues. » (*Lettre* du 28 mai 1882.)

(3) *Comptes-rendus de l'Académie des inscriptions et belles-lettres*, 1871, pp. 488 et 410.

point le compter parmi ses membres (1). » Ce corps illustre avait à décerner pour la première fois, en 1880, le prix de 10,000 francs, fondé par la veuve de Jean Reynaud. « Nous n'avons pas hésité, déclarait M. Edmond Le Blant, président de l'Académie, à le décerner à l'un des plus éminents représentants de la science française, M. Jules Quicherat. Dans le cours des cinq dernières années, ce célèbre érudit a publié deux ouvrages qui justifieraient par eux-mêmes le choix de l'Académie et qui font revivre les titres si nombreux et si considérables que l'auteur, depuis plus de quarante années, s'est créés à l'estime du monde savant (2). »

En même temps que les maîtres de l'érudition française tressaient pour lui cette brillante couronne (3), ses camarades de l'Ecole des Chartes, pour la plupart ses anciens élèves, lui préparaient une véritable ovation. « Appelé à diriger l'Ecole des Chartes en 1871, Jules Quicherat, disait M. Léopold Delisle, se révéla administrateur de premier ordre. Quel admirable parti il sut tirer de ressources dérisoirement insuffisantes ! Quel génie inventif ne lui a-t-il pas fallu déployer pour organiser un enseignement si complexe dans un local si obscur et si exigu, pour y introduire chaque année des innovations si bien combinées, et pour y rassembler des collections si diverses et parfois encombrantes... ? Il n'est pas étonnant, ajoutait M. Delisle, qu'une direction si féconde en résultats lui ait concilié au plus haut degré la confiance des

---

(1) *Discours* de M. L. Delisle aux obsèques de J. Quicherat : *Bibliothèque de l'Ecole des Chartes*, t. XLIII, 1882, p. 158.

(2) *Comptes-rendus de l'Académie des inscriptions et belles-lettres*, 1880, p. 375.

(3) Un hommage sincèrement éloquent a été rendu à la mémoire de Jules Quicherat par l'un de ses plus brillants élèves, M. Gaston Paris, dans la séance de l'Académie des inscriptions et belles-lettres du 5 mai 1882. « Nous avons éprouvé comme une pénible surprise, disait l'orateur, de ce qu'un deuil si vivement ressenti par tous les membres de notre Compagnie ne fût pas pour elle un deuil officiel. » (*Revue critique d'histoire et de littérature*, n° du 15 mai 1882.)

ministres, l'amitié et l'estime de ses collègues, le respect et la reconnaissance de ses élèves (1). Ceux-ci donc s'entendirent pour présenter au maître un témoignage de respectueuse affection, offert en commun par toutes les générations de l'Ecole. Le symbole choisi fut une charmante réduction de la statue équestre de Jeanne d'Arc, dont l'auteur, M. Frémiet, s'était inspiré des travaux et des conseils de Quicherat. « Non, répondit le maître avec émotion, vous ne vous êtes pas trompés en pensant que je serai heureux de posséder l'image de cette femme, de cette noble créature, à laquelle j'ai voué un véritable culte : car elle est pour moi l'image de la patrie, la personnification de tout ce qu'il y a de généreux, de grand, d'impérissable dans le cœur de la France (2). »

Quicherat s'est dévoilé tout entier dans ces quelques mots, et c'est à bon droit que M. le ministre Jules Ferry leur a donné cet éloquent corollaire : « La flamme de cette vie savante et laborieuse, de cette existence d'un moderne bénédictin, c'était l'amour de la patrie française, de cette patrie qu'il avait entrevue dès la fin du moyen-âge dans la figure héroïque et touchante de cette vierge d'Orléans, à laquelle il a élevé, par la force de son érudition et l'accumulation de ses travaux, un monument indestructible (3). »

Entre les diverses formes de gouvernement, Quicherat préférait les institutions républicaines. Comme il en avait de longue date souhaité l'avènement, on eût trouvé naturel qu'il bénéficiât d'un régime dans lequel bon nombre de ses amis occupaient les premiers emplois (4). Mais de longue

---

(1) *Discours* de M. L. Delisle : *Bibliothèque de l'Ecole des Chartes*, t. XLIII, 1882, p. 157.

(2) *Bibliothèque de l'Ecole des Chartes*, t. XLI, 1880, p 299.

(3) *Discours de clôture du congrès de la Sorbonne*, prononcé le 15 avril 1882 : *Bulletin administratif du Ministère de l'Instruction publique*, n° 489.

(4) A l'application de ses principes politiques, il eût associé la plus grande prudence. On en jugera par cette profession de foi qu'il faisait, le 19 août 1849, en discourant, comme président de la Société de l'E-

date aussi sa conscience l'avait prémuni contre de pareilles séductions. Il eut de l'influence, mais il n'en usa qu'à son corps défendant et toujours en croyant protéger des intérêts respectables. Pour lui-même, il n'accepta que des honneurs sans profit ou des titres qui correspondaient à de graves et laborieux devoirs [1].

Au Conseil supérieur de l'instruction publique, à la Commission des monuments historiques, à la Commission des archives, à celle des voyages et missions, il eut souvent lieu de maudire la confiance que ses collègues mettaient en lui [2], car les obligations qui résultaient de cette confiance l'empêchèrent de conduire à bonne fin deux grands travaux qu'il laisse inachevés [3], une *Histoire de l'industrie de la*

---

cole des Chartes, à la cérémonie d'inauguration de la statue élevée à Ducange par la ville d Amiens : « Les grands événements par lesquels ont passé nos pères, disait-il, ceux dont nous-mêmes nous avons été les acteurs ou les témoins, nous enseignent qu'un peuple, pour persévérer dans la grandeur, a besoin d'une tradition. Plus les droits sont égaux, plus les esprits doivent être nourris de la tradition, qui est la source de l'intelligence politique. Les formes de gouvernement se succèdent en vain, si la nation oublie d'un siècle à l'autre ce qu'elle a fait, ce qu'elle a été ; et sa virilité n'est qu'une longue enfance, si elle ne s'instruit point par les fautes du passé. » (*Bibliothèque de l'Ecole des Chartes*, 3e série, t. I, 1849, p. 86.)

(1) Nommé officier de la légion d'honneur (après plus de trente-trois ans de chevalerie) par décret du 9 février 1880, il fut élu, le 5 avril suivant, membre du Conseil supérieur de l'instruction publique, par les membres du Conseil de perfectionnement et les professeurs de l'Ecole des Chartes.

(2) « Depuis qu'on m'a mis du Conseil supérieur de l'Instruction publique et de tant d'autres commissions, je n'ai plus le temps de me livrer aux occupations qui ont fait le charme de ma vie. Une affaire succède à une autre. Il faut ahaner sans fin au pétrin administratif, et avec cela les ans s'accumulent sans qu'on arrive à rien de ce qu'on s'était proposé de faire. » (*Lettre* du 28 décembre 1880.)

(3) Toutes les notes et ébauches laissées par Jules Quicherat ont été cédées par sa famille à un groupe des plus fidèles amis du défunt, qui en feront profiter l'érudition française. La famille a également offert à l'Ecole des Chartes la réduction en bronze de Jeanne d'Arc dont Quicherat avait été gratifié en 1880. Ces dispositions généreuses font

laine et ce *cours d'archéologie* « qui, à coup sûr, disait un bon juge [1], aurait été l'une des œuvres les plus remarquables de l'érudition française au dix-neuvième siècle. »

L'austérité de l'homme public n'était chez Quicherat que le contre-poids d'une tendresse de cœur qui, sans cette précaution d'équilibre, eût été peut-être excessive. Dans les relations amicales, sa sensibilité régnait sans partage, et les épanchements en étaient exquis. C'était avec cette disposition charmante qu'il venait chaque automne s'installer pour un bon mois dans ce logis patriarcal de la banlieue de Besançon, en compagnie des vivants souvenirs de l'excellent Delacroix dont il avait tant aimé l'intelligente bonhomie [2]. Tout entier aux ébats champêtres, il se reconfortait en contemplant nos montagnes et en savourant la jouissance d'une entière liberté. Il se préparait à regagner cette Grange-Huguenet, qui lui avait toujours été propice, quand l'affection dont il était atteint prit une marche foudroyante [3] et nous

---

le plus grand honneur à M. Louis Quicherat, membre de l'Institut, et à sa sœur Mme Tony Toullion, dont le mari, artiste-lithographe distingué, a fait un remarquable portrait de son regretté beau-frère.

(1) M. Léopold DELISLE, *Discours* cité.

(2) Il s'exprimait ainsi dans une lettre du 15 janvier 1878, au sujet de la mort de notre digne ami : « Je n'ai pas besoin de vous dire, mon cher Castan, dans quelle affliction m'a plongé la mort de notre cher Alphonse Delacroix. Vous en mesurerez l'étendue d'après celle que bien certainement vous avez éprouvée vous-même. Au nombre des raisons qui m'attachent à vous, j'ai mis depuis longtemps et je compterai toujours l'avantage d'avoir connu un tel homme. Il fut de la rare espèce de ceux chez qui une haute intelligence s'allie à un grand cœur. Quelle douce compagnie que la sienne! J'en étais venu à l'aimer comme si nous étions unis par les liens du sang, et la communion qui s'était établie entre nous, si brusquement interrompue, laisse en moi un vide inexprimable. »

(3) Un mois, jour pour jour, avant sa mort, il m'écrivait : « La vieille affection intestinale dont je souffre depuis tant d'années sévit sur moi ce printemps avec des accidents que je ne connaissais pas, et qui m'incommodent d'autant plus gravement que c'est ma pauvre tête qui est prise. » (*Lettre* du 8 mars 1882.)

l'enleva le 8 avril 1882 (1). Il avait à peine soixante-sept ans et demi.

Besançon ayant été l'objet de son dernier désir, c'était réjouir sa mémoire que de confier à un sculpteur originaire de cette ville le soin de reproduire ses traits. Ainsi pensa le savant directeur général des Beaux-Arts, en suite de l'initiative prise par un de nos compatriotes dont Quicherat était l'ami, M. Louis de Ronchaud. La signature du statuaire bisontin Jean Petit, gravée sur le buste que l'Etat destine à l'Ecole des Chartes, symbolisera l'attachement que notre province avait eu la bonne fortune d'inspirer à un homme qui demeurera l'honneur de l'érudition française (2).

Quicherat était d'une taille et d'une corpulence moyennes, sa carnation était brune. Il avait la tête ronde, le crâne modelé, les traits du visage un peu gros, les yeux franchement scrutateurs, la bouche gauloisement railleuse. Le jeu de sa physionomie faisait songer aux portraits de Rabelais et de Montaigne. Sa parole était incisive, et sa conversation comme ses lettres abondaient en piquantes saillies. Son style avait plus de relief naturel que d'élégance cherchée ; l'emploi du lieu commun en était exclu. Plus logicien qu'orateur, il excellait à observer et à disserter. Il se passionnait aisément pour ce qu'il croyait être le vrai, mais sa polémique fut toujours loyale. De ses impressions d'enfance, il lui

---

(1) A ses obsèques, qui eurent lieu le lundi 10 avril, six discours furent prononcés : par M. Léopold DELISLE, président du Conseil de perfectionnement de l'Ecole des Chartes ; par M. Henri BORDIER, président de la Société de l'Ecole des Chartes ; par M. DUPLESSIS, président de la Société des antiquaires de France ; par M. DE BEAUCOURT, président de la Société de l'histoire de France ; par M. DUBIEF, directeur de Sainte-Barbe ; par M. DE BOURMONT, élève de l'Ecole des Chartes.

(2) L'une des dernières preuves de cet attachement avait été son affiliation, en qualité de membre honoraire, à l'Association franc-comtoise de Paris. Le banquet mensuel *des Gaudes* le compta dès lors parmi ses plus fidèles convives. (*Bulletin annuel de l'Association franc-comtoise les Gaudes :* n° 1, mars-juin 1881, broch. in-8°.)

restait une certaine timidité qui avait parfois l'apparence de la rudesse. Trop élevé de sentiments pour être vaniteux, trop sincère pour être absolument modeste, il ne fit jamais lui-même et ne laissa faire par personne l'étalage de ses grandes et belles qualités : de sorte que ses seuls amis peuvent aujourd'hui rendre témoignage des ressources infinies de cette probe et généreuse nature. En effet, Jules Quicherat était plus qu'une vaste intelligence, mieux qu'un digne caractère ; il était surtout une droite et forte conscience.

Besançon. Imprimerie Dodivers.

www.ingramcontent.com/pod-product-compliance
Lightning Source LLC
Chambersburg PA
CBHW050742070726
47597CB00009B/4041